Low Carb Backen

Low Carb Backen zu Weihnachten

44 leckere Plätzchenrezepte für die schönste Zeit im Jahr

W0205456

Maria Rühmer

Maria Rühmer

Low Carb Backen

Dieses Buch und die darin enthaltenen Informationen wurden sorgfältig erarbeitet, sind jedoch ohne Gewähr. Weder die Autorin noch der Publizist übernehmen für eventuelle Schäden oder Nachteile, die direkt, oder indirekt aus der Anwendung der Rezepte oder Ratschläge in diesem Buch resultieren können, Haftung. Dieses Buch ersetzt keine medizinische Beratung. Konsultieren Sie vor einer Ernährungsumstellung immer einen Arzt.

Impressum
© Werner Jaggler
1. Auflage
Alle Rechte vorbehalten.
Nachdruck, auch auszugsweise, verboten.
Kein Teil dieses Werkes darf ohne schriftliche Genehmigung des Autors in irgendeiner Form reproduziert, vervielfältigt oder verbreitet werden.
Kontakt: Werner Jaggler, Leisach 123, 9909 Leisach, Österreich
Coverfoto: depositphotos.com
ISBN:9781729251805

Maria Rühmer

Inhaltsverzeichnis

Einleitung

Ich bin Maria und schon lange Fan der Low-Carb Diät. Ich habe durch die kohlenhydratreduzierte Ernährung schon einiges an Gewicht verloren und sehr viel an Lebensfreude dazugewonnen. Durch meine Ernährungsumstellung konnte ich endlich mein Wunschgewicht erreichen – und das, obwohl ich eine riesen Naschkatze bin.

Als ich mit der Low-Carb Diät startete tat ich mir sehr schwer auf Süßes zu verzichten. Kuchen, Muffins -Plätzchen, ... - besonders von Plätzchen konnte ich gerade in der Weihnachtszeit nicht die Finger lassen. Mir war klar, es musste eine Lösung her. Ich konnte meine Diät nicht immer brechen und meinen ganzen Fortschritt zunichtemachen.

Ich machte mir zum Ziel, süße Low-Carb Alternativen zu finden. Ich probierte viele Rezepte aus, entwickelte meine eigenen und so manches davon ging schief. Viele davon waren jedoch ein Erfolg und zudem noch richtig lecker. Mit der Zeit naschte nicht nur ich, sondern meine ganze Familie an den Low-Carb Süßigkeiten – und das, obwohl sie den Kohlenhydraten noch nicht abgeschworen hatten.

Vor allem meine selbstgebackenen Plätzchen kamen gut an und waren der Renner in der

Weihnachtszeit. Dank ihnen konnte ich mein Gewicht sogar noch reduzieren und musste trotzdem nicht auf Lebkuchen, Zimtstangen, Vanillekipferln und Ähnliches verzichten.

Ich möchte meine besten Rezepte in diesem Buch mit dir teilen und dir die Low-Carb Diät ein wenig erleichtern.

Die meisten der Zutaten die ich in den Rezepten verwende findest du in jedem Lebensmittelgeschäft, manche musst du, je nachdem wo du wohnst, vermutlich auch bestellen.

Ich backe meine Plätzchen meistens mit dem Süßungsmittel **Xylit**, oder auch Birkenzucker genannt. Er hat die gleiche Süßkraft wie Zucker, jedoch nur halb so viele Kalorien. Xylit findest du normalerweise in jedem größeren Lebensmittelgeschäft.

Beim Nachbacken der Rezepte wirst du früher oder später auch auf **Erythrit** bzw. **Erythritol** stoßen. Es handelt sich hierbei auch um einen Zuckeraustauschstoff dessen Kohlenhydrate im Körper, zum größten Teil, nicht verstoffwechselt werden. Erythrit kannst du ohne Probleme im Internet, zum Beispiel auf Amazon bestellen.

Auch den, im Buch mehrmals erwähnten, „Puderxucker" findest du im Internet. Er besteht aus Erythrit und ahmt die Textur von Puderzucker nach.

Zu den einzelnen Zuckeraustauschstoffen, sowie zur Low-Carb Diät allgemein, kannst du dir im Internet, oder in einschlägigen Büchern noch mehr Information holen. Alles darüber zu erwähnen würde den Rahmen dieses Buches sprengen.
Was du allerdings wissen solltest ist, dass einige der Süßungsmittel, solltest du sie nicht gewohnt sein, bei übermäßigem Konsum anfangs Blähungen und Durchfall auslösen können. Versuche es deshalb mit dem Naschen zu Beginn nicht zu übertreiben.

Ich wünsche dir nun viel Spaß beim Nachbacken und Genießen!

Sesam-Plätzchen

Diese goldgelben Low-Carb-Taler sind nicht nur schnell und einfach gebacken, sondern für jeden gesundheitsbewussten Nuss-Fan ein „Must-Have".

Zutaten:

- 100g Mandelblättchen (zerdrückt/gehackt)
- 75g Sesam
- 75g Sonnenblumenkerne
- 60g Xylit
- 50g Haselnüsse (gehackt)
- 2 Eiweiß

Zubereitung:

1. Heize den Ofen auf 150°C Ober-Unter-Hitze vor.

2. Schlage die Eiweiße mit einem Mixer oder Schneebesen sehr steif und füge gleichzeitig den Xylit nach und nach hinzu.

3. Vermische die zerkleinerten Mandelblättchen mit den Sonnenblumenkernen, dem Sesam und den gehackten Haselnüssen.

4. Hebe die Nussmischung unter den gesüßten Eischnee.

5. Forme den „Teig“ zu neun Talern, lege ein Backblech mit Backpapier aus, und verteile diese darauf. (Das Formen der Taler funktioniert am besten mit einem Löffel.)

6. Backe die Sesamplätzchen ca. 15 Minuten bis sie goldbraun sind.

Florentiner

Diese Low-Carb Version des weihnachtlichen Klassikers lässt keine Wünsche offen.

Zutaten:

- 100g Mandelblättchen
- 80g Schokolade (zuckerfrei)
- 75g Xylit (oder 100g Erythrit)
- 60g Butter
- 60g Sahne
- 40g Sonnenblumenkerne
- 30g Mandeln (gehackt)
- 1 TL Orangenabrieb
- 1 Prise Zimt (gemahlen)

Zubereitung:

1. Vermenge den Xylit, die Sahne und die Butter in einem Topf und lass die Masse sprudelnd aufkochen. Lass sie daraufhin für weitere 5 Minuten köcheln.

2. Füge sowohl die Mandelblättchen, die Sonnenblumenkerne, und die gehackten Mandeln, als auch die Orangenschale und den Zimt hinzu und lass das Ganze für weitere 5 Minuten einkochen. Währenddessen gut umrühren.

3. Nimm das Gemisch vom Herd und lass es ein wenig abkühlen

.

4. Stell eine Form für 12 Muffins bereit und verteile den „Teig“ gleichmäßig darin. Drücke die einzelnen Kekse zum Schluss fest in die Form hinein.

5. Heize deinen Backofen auf 180°C Ober-/Unterhitze vor und backe die Florentiner anschließend für 5 Minuten, bis sie goldbraun sind.

6. Lass die Kekse unbedingt in der Form (am besten für einige Stunden) vollständig auskühlen.

7. Schmilz die zuckerfreie Schokolade in einem Wasserbad und verziere deine Florentiner damit.

Tipp: *Zum Backen der Low-Carb-Florentiner Kekse eignet sich am besten eine Muffinform aus Silikon.*

Chocolate Chip Cookies

Die Low-Carb Version des amerikanischen Klassikers schmeckt einfach himmlisch!

Zutaten:

- 70g Mandelmehl (teilentölt)
- 70g zuckerfreie Schokochips/Schokodrops
- 70g Xylit
- 50g Butter
- 50g natives Kokosöl
- 30g Kokosmehl (teilentölt)
- 4 Eier
- 1 TL Bourbon-Vanille (frisch /gemahlen)

Zubereitung:

1. Heize deinen Backofen auf 150°C Umluft vor.

2. Trenne alle 4 Eier und schlage zwei Eiweiß in einer großen Schüssel steif.

3. Gib die 4 Eigelb in eine andere Schüssel.

4. Vermenge das Kokosöl und die Butter in einem kleinen Topf und lass das Gemisch bei schwacher Hitze schmelzen.

5. Lass die Kokosöl-Butter-Mischung etwas auskühlen und füge sie, gemeinsam mit dem Mandelmehl, dem Kokosmehl und der Vanille zum Eidotter hinzu. Verführe anschließend alles zu einem gleichmäßigen Teig.

6. Füge die Schokodrops / Schokochips zu deinem Teig hinzu und hebe den Eischnee vorsichtig unter.

7. Verwende jeweils ca. einen halben Esslöffel deines Teiges, um daraus, in deiner Hand, einen Keks zu formen. Lege die Cookies anschließend auf ein mit Backpapier ausgelegtes Backblech.

8. Backe deine Cookies ungefähr 15-20 Minuten und lass sie danach gut auskühlen.

Tipp: *Wirf die restlichen 2 Eiweiß nicht einfach weg, sondern verwende sie zeitnah für eines der anderen Low-Carb-Keksrezepte.*

Erdnussplätzchen

Die ganzen Erdnüsse und das vollmundige Nussmus machen diese simplen Low-Carb-Plätzchen zum Highlight in der Keksdose.

Zutaten:

- 100g Erdnussmus
- 60g Xylit
- 40g Erdnüsse (unbehandelt)
- 10g Kokosmehl
- 1 Ei
- 1 Prise Salz (je nach Geschmack)

Zubereitung:

1. Heize deinen Backofen auf 170°C Ober-/Unterhitze vor.
2. Verrühre das Erdnussmus, das Ei und den Xylit miteinander, sodass eine homogene Masse entsteht.
3. Füge nun die Erdnüsse und das Kokosmehl zu dem „Teig“ hinzu und verfeinere das Ganze, je nach Belieben, mit ein wenig Salz.
4. Forme aus der Masse nun kleine Kekse, welche du auf ein, mit Backpapier ausgelegtes, Backblech verteilst.
5. Backe deine Erdnusskekse für ca. 10-15 Minuten und lass sie daraufhin gut auskühlen.

Tipp: *Um deinen Keksen einen besonderen Touch zu verleihen kannst auch gesalzene und geröstete Erdnüsse verwenden.*

Maria Rühmer

Kürbis-Orangen Schnittchen

Die weihnachtlichen Gewürze machen diese Low-Carb-Schnittchen zu einer Köstlichkeit für die Festtage.

Zutaten:

- 170g Xylit
- 150g Hokkaido Kürbis
- 100g Butter
- 90g Mandelmehl (teilentölt)
- 10g Flohsamenschalen
- 6EL Zitronensaft
- 3 Eier
- 2TL Orangenabrieb
- 1TL Kardamom
- 1TL Zimt
- 1 Nelke

- 1TL Backpulver

Zubereitung:

1. Wasche den Kürbis gründlich und rasple ihn anschließend grob in eine Rührschüssel.

2. Schlage die Eier, zusammen mit 100g Xylit, auf. Achte dabei darauf, dass alles gut vermischt ist.

3. Schmilz deine Butter in einem Topf unter kleiner Hitze und lass sie daraufhin etwas abkühlen.

4. Vermische nun den Kürbis, die Eimasse, die Butter, das Mandelmehl, die Flohsamenschalen und das Backpulver zu einem homogenen Teig.

5. Füge nun Zimt, Nelke und Kardamom zu deinem Teig hinzu.

6. Lege ein Backblech mit Backpapier aus und verstreiche die Masse darauf. Für das beste Ergebnis sollte sie ca. 1 cm hoch sein.

7. Lass deine Schnittchen bei 160°C Ober-/Unter-Hitze für ca. 30 Minuten im Ofen. Stelle sie anschließend beiseite und lass sie auskühlen

8. Zermahle die restlichen 70 g deines Xylits in einer Schüssel zu Pulver und vermische es mit Orangenabrieb und Zitronensaft. Deine

selbstgemachte Glasur kannst du nun auf dem ausgekühlten Teig verstreichen.

9. Nachdem die Glasur fest geworden ist kannst du die Kürbis-Orangen-Schnittchen mit dem Messer in Portionen schneiden und genießen.

Tipp: *Um noch mehr Geschmack aus deinen Gewürzen herauszuholen kannst du sie mit einem Mörser und einem Stößel selbst, vor dem Backen zermahlen.*

Husarenkrapfen

Die leckeren Marmeladenplätzchen sind ein unwiderstehlicher Genuss und treffen fast jeden Geschmack!

Zutaten:

- 100g Xylit
- 80g Mandelmehl (teilentölt)
- 80g Butter (weich)
- 60g Kokosmehl (teilentölt)
- 10g Flohsamenschalen
- 2 Eier
- 1TL Backpulver
- 1/4 Glas Fruchtaufstrich ohne Zuckerzusatz
- 1 TL Vanille (gemahlen)
- 1 Prise Salz

Zubereitung:

1. Gib die Eier in eine große Schüssel und vermenge sie gut mit dem Xylit.

2. Misch das Mandelmehl, das Kokosmehl, die Flohsamenschalen, das Backpulver, die Vanille und eine Prise Salz in einer separaten Schüssel und füge das Ganze anschließend zu den gesüßten Eiern hinzu.

3. Verrühre die Masse vorsichtig und lass sie 5 Minuten ruhen.

4. Arbeite nun die Butter mit deinen Händen sorgfältig in die vorbereitete Masse ein und sorge dafür, dass ein gleichmäßiger Teig entsteht.

5. Forme für jedes Plätzchen, aus ca. einem Teelöffel deines Teiges, ein Kügelchen und drücke mit deinem Daumen eine Mulde für die Marmelade hinein.

6. Füll deine Husarenkrapfen mit dem Fruchtaufstrich deiner Wahl und lass sie bei 160°C Ober-/Unterhitze für ca. 15 Minuten im Backofen backen.

Tipp: *Damit deine Plätzchen noch appetitlicher aussehen kannst du sie, nachdem sie ausgekühlt sind, mit Puderxucker bestreuen.*

Zitronenherzchen

Diese zitronigen Plätzchen verzaubern mit ihrer fruchtigen Note und sind, vor allem in der Weihnachtszeit, ein Genuss

Zutaten:

- 200g Mandeln (gemahlen)
- 90g Xylit
- 30ml frischer Zitronensaft
- 1 Eiweiß
- 1TL Zitronenabrieb

Zubereitung:

1. Schlage das Eiweiß in einer großen Schüssel sorgfältig steif

2. Zerstoße den Xylit in einer kleinen Schüssel, sodass ein Pulver entsteht.

3. Füge anschließend 60g deines Xylit-Pulvers vorsichtig und unter ständigem Schlagen zum Eiweiß hinzu.

4. Gib zwei Teelöffel vom Zitronensaft und einen Teelöffel des Zitronenabriebs in die Eiweißmenge und hebe anschließend die gemahlenen Mandeln unter. Verführe alles gut miteinander.

5. Forme aus der Masse eine Kugel und lass diese für 30 Minuten abgedeckt im Kühlschrank ruhen.

6. Rolle deinen Plätzchenteig (am besten zwischen 2 Blatt Backpapier) gleichmäßig aus. Er sollte ca. 0,5 cm dick sein.

7. Stich die Low-Carb-Kekse mit einer herzförmigen Plätzchenform aus und backe sie im vorgeheizten Backofen bei 100 Grad Umluft für 15 Minuten (Vergiss nicht das Backblech mit Backpapier auszulegen!)

8. Vermisch anschließend den restlichen Zitronensaft mit deinem Xylit-Pulver um deine Zitronenglasur herzustellen.

9. Bestreiche die Low-Carb-Zitronenherzchen, sobald sie ausgekühlt sind, mit deinem Zitronenguss.

Tipp: *Die selbstgemachte Zitronenglasur schmeckt auch auf den Butterkeksen vorzüglich*

Schachbrettkekse

Diese hübschen Plätzchen sind der absolute Hingucker am Kaffeetisch – und Low-Carb noch dazu!

Zutaten:

- 90g Xylit
- 150g Mandelmehl (teilentölt)
- 70g Butter (weich)
- 50g Erdnussmus
- 10g Flohsamenschalen
- 1EL Kakaopulver (stark entölt)
- 1 Ei
- etwas Vanille, gemahlen

Zubereitung:

1. Vermische das Mandelmehl, die Flohsamenschalen, den Xylit und die Vanille in einer Schüssel miteinander.

2. Gib das Erdnussmus, die Butter und das Ei zur Masse hinzu und verknete alle mit deinen Händen zu einem gleichmäßigen Teig.

3. Halbiere den Teig, füge zu einer der beiden Hälften das Kakaopulver hinzu und arbeite es gleichmäßig mit deinen Händen ein.

4. Forme, sowohl aus der dunklen, als auch aus der hellen Teighälfte, jeweils einen ca. 15 cm langen Block mit einer 3x3 cm großen Grundfläche.

5. Wickle deine Teigblöcke in Frischhaltefolie ein und lass sie ca. 15 Minuten im Kühlschrank ruhen.

6. Drittle die beiden Blöcke der Länge nach und fange an sie zu schlichten. Beginne mit einem Stück des hellen Teiges, lege darauf ein dunkles und dann wieder ein helles.

7. Für den zweiten Block solltest du die Reihenfolge ändern. Beginne also diesmal mit einem dunklen Stück, gefolgt von einem hellen und zum Abschluss wieder ein dunkles.

8. Du hast nun erneut zwei Blöcke Teig mit denen du Schritt 6 und 7 wiederholen solltest. So entsteht das Schachbrettmuster. (Solltest du dir beim Schichten noch unsicher sein, findest du im Internet viele (Video)Anleitungen, die das Prozedere noch einmal genau erklären.)

9. Schneide deine Schachbrett-Blöcke nun in 5 bis 10 mm dicke Scheiben und backe sie im Backofen bei 150°C Ober-/Unterhitze für 15 Minuten. (Vergiss nicht das Backblech mit Backpapier auszulegen!)

10. Lass deine Schachbrettkekse gut auskühlen und bewahre sie in einer Keksdose auf.

Butterkekse:

Die Low-Carb Version des Klassikers darf in keiner Keksdose fehlen.

Zutaten:

- 100g Xylit
- 100g Mandelmehl (teilentölt)
- 80g Butter (weich)
- 60g Kokosmehl (teilentölt)
- 1 Eier
- 1TL Backpulver
- ½ TL Johannisbrotkernmehl
- 1TL Vanille, gemahlen
- 1Prise Salz

Zubereitung:

1. Verquirle die Eier in einer großen Schüssel sorgfältig.

2. Füge den Xylit zu den Eiern hinzu und vermische es gut.

3. Füge anschließend das Mandelmehl, das Kokosmehl, das Backpulver, das Johannisbrotkernmehl, die Vanille und eine Prise Salz zu den gesüßten, verquirlten Eiern hinzu und vermische die Masse mit einem Löffel.

4. Gib die, auf Zimmertemperatur erwärmte Butter zu dem Teig und knete ihn mit deinen Händen gut durch.

5. Forme aus der Masse eine Kugel und lass diese für 30 Minuten, mit Frischhaltefolie umwickelt, im Kühlschrank ruhen.

6. Rolle immer wieder kleinen Portionen deines Plätzchenteigs vorsichtig aus. (Damit er nicht klebt kannst du, sowohl den Teig, als auch die Arbeitsfläche, immer wieder mit Mandelmehl bestreuen.

7. Stich die Low-Carb-Kekse mit einer Plätzchenform deiner Wahl aus und backe sie im Backofen bei 160 Grad Ober-/Unterhitze für 15 Minuten. (Vergiss nicht das Backblech mit Backpapier auszulegen!)

Schokolade-Mandel-Wolken

Diese luftigen, schokoladigen Plätzchen passen mit ihrer fruchtigen Orangennote perfekt in die Weihnachtszeit

Zutaten:

- 160g gemahlene Mandeln
- 80g Xylit
- 40g zuckerfreie Schokodrops
- 2 Eiweiß
- 1 TL Orangenschalenabrieb

Zubereitung:

1. Schlage das Eiweiß in einer großen Schüssel sorgfältig steif.

2. Füge den Xylit und den Orangenabrieb zu den Eiern, unter ständigem Schlagen hinzu.

3. Füge anschließend die gemahlenen Mandeln und die gehackten Schokodrops zu den gesüßten, verquirlten Eiern hinzu und vermische die Masse vorsichtig.

4. Forme die Low-Carb-Kekse, jeweils mit einem Teelöffel Teig, zu kleinen, länglichen Wölkchen und backe sie im vorgeheizten Backofen bei 150 Grad Umluft für 15-20 Minuten. (Vergiss nicht das Backblech mit Backpapier auszulegen!)

5. Lass die Wolken gut auskühlen und bewahre sie in einer Keksdose auf.

Double Schoko Cookies:

Der amerikanische Klassiker ist ein „Must-Have“ für alle Schokoladenliebhaber und in der Low-Carb Version auch für figurbewusste Naschkatzen geeignet.

Zutaten:

- 90g Xylit
- 80g Mandelmehl (teilentölt)
- 70g Butter (weich)
- 60g Kokosmehl (teilentölt)
- 30g zuckerfreie Schokodrops (weiß)
- 2EL Kakaopulver (stark entölt)
- 2 Eier
- 0,5 TL Backpulver
- 0,5 TL Johannisbrotkernmehl
- 0,5 TL Vanille, gemahlen
- 1 Prise Salz

Zubereitung:

1. Vermische das Mandelmehl, das Kokosmehl, den Xylit, das Kakaopulver, das Backpulver, das Johannisbrotkernmehl, die Vanille und eine Prise Salz in einer großen Schüssel.
2. Verquirle die Eier in einer separaten Schüssel und gib daraufhin die Butter dazu.
3. Vermische den Inhalt der beiden Schüsseln miteinander und knete alles mit deinen Händen zu einem gleichmäßigen Teig.
4. Forme deine Low-Carb-Cookies, jeweils aus einem Esslöffel Teig, und drücke die Schokodrops vorsichtig hinein.
5. Backe sie im vorgeheizten Backofen bei 155°C Ober-/Unterhitze für 15 Minuten. (Vergiss nicht das Backblech mit Backpapier auszulegen!)

Karotten-Zimt-Plätzchen

Diese geschmackvollen, weihnachtlichen Low-Carb Plätzchen, sind nicht nur gesund, sondern auch unheimlich lecker und der Eye-catcher auf jedem Adventmarkt!

Zutaten

- 100g Xylit
- 100g Karotten
- 100g Butter
- 90g Mandelmehl
- 10g Flohsamenschalen
- 2 TL Backpulver
- 2 TL Zimt
- 3 Ei
- etwas Vanille, gemahlen

Zubereitung:

1. Erhitze die Butter langsam in einem kleinen Topf.

2. Schlage die Eier auf und gib sie zusammen mit dem Xylit und der Butter in eine Küchenmaschine und schlag es schaumig

3. Schäle die Karotten und reibe sie mit einer Kartoffelreibe in kleine Stücke.

4. Vermische die restlichen Zutaten in einer vorher bereitgestellten, zweiten Schüssel.

5. Vermenge den Inhalt beider Schüsseln miteinander, gib die geriebenen Karotten dazu und vermische alles zu einem homogenen Teig.

6. Den Teig für ca. 5 Minuten ruhen lassen.

7. Nimm circa einen Esslöffel Teig mit den Händen und forme daraus ein Plätzchen und leg es auf das Backblech. Vergiss das Backpapier vorher nicht! (Hinweis: Die Cookies werden sehr fluffig, allerdings ist der Teig sehr klebrig was ihn aufwändiger zu verarbeiten macht.)

8. Die Karotten-Zimt-Plätzchen für ca. 30 Minuten im vorgeheizten Backofen bei 160°C Umluft backen.

9. Lass die Low-Carb-Plätzchen möglichst lange ziehen, um den vollen Geschmack zu erhalten.

Schokoladen-Kokos-Würfel

Der saftige Klassiker in der Low Carb Version! Ein absolutes „must-have" bei jedem Weihnachtsessen.

Zutaten:

- 100g Mandelmehl (teilentölt)
- 90g Xylit
- 50g Xukkolade
- 50g Butter
- 50g Kokosöl
- 30g Kokosraspeln
- Eier
- 5EL Wasser (heiß)
- 2 EL Kakaopulver (stark entölt)
- 1 TL Weinstein-Backpulver
- ½ TL Bourbon-Vanille

Zubereitung:

1. Trenne die Eier und schlag das Eiweiß in einer Schüssel steif. Das Kokosöl und die Butter bei kleiner Flamme über dem Wasserbad schmelzen.

2. Gib die Eigelbe, die flüssige Butter und das Kokosöl, Bourbon-Vanille, Kakaopulver und Xylit in eine zweite Schüssel und schlage die Masse sorgfältig auf.

3. Vermische nun Backpulver und Mandelmehl und mische es unter die Masse. Gib 5 EL heißes Wasser dazu und verrühre es zu einem homogenen Teig

4. Leg den Teig auf einem Backblech aus und Back ihn ca. 35min. im vorgeheizten Backofen bei 160°C Ober-/Unterhitze. (Backpapier nicht vergessen!)

5. Lass den Boden ruhen bis er vollständig ausgekühlt ist.

6. Brich die Schokolade in kleine Stücke und schmilz sie über dem Wasserbad auf kleiner Flamme. Streiche die geschmolzene Schokolade mit einem Pinsel auf den gebackenen Boden – die gesamte Oberfläche sollte dabei bedeckt sein.

7. Nimm nun die Kokosraspeln und bestreue den Boden nach Bedarf. Nun ruhen lassen bis die Schokolade wieder gestockt ist.

8. Schneide den Boden in eine beliebige Form und genieße ihn.

Erdnuss-Plätzchen

Diese süße Versuchung in der Low-Carb Variante ist ein Muss für jeden Erdnussliebhaber.

Zutaten

- 60g Xylit
- 110g Erdnussmus
- 100g Heidelbeeren
- 20g Kokosmehl
- 10g Flohsamenschalen
- 20 ML Wasser
- 1 Ei
- 30 ML Milch

Zubereitung

1. Verrühre den Xylit mit der Milch, dem Ei und dem Erdnussmus in einer Schüssel.
2. Gib die Flohsamenschalen bei und siebe das Kokosmehl unter gleichmäßigem rühren ein.
3. Vermenge den Teig solange mit Wasser bis er Zähflüssig ist.
4. Nimm circa einen Esslöffel Teigmasse und gib ihn auf ein Backblech. Das machst du in ausreichendem Abstand mit dem ganzen Teig. Vorher nicht auf das Backpapier vergessen.
5. Backe die Plätzchen ca. 15min im vorgeheizten Backofen bei 150 Grad Umluft.
6. Die Heidelbeeren gibst du am besten beim Servieren dazu.

Cashew-Kokos-Plätzchen

Mit dieser himmlischen Versuchung fühlt man sich wie auf Wolke sieben.

Zutaten

- 60g Xylit
- 100g Cashewmus
- 20g Kokosmehl (entölt)
- 1 Ei

Zubereitung:

1. Heize den Backofen auf 170°C Umluft vor.

2. Verrühre das Mandelmus zusammen mit Xylit und einem Ei in einer geeigneten Schüssel zu einer gleichmäßigen Masse.

3. Binde die Masse mit Kokosmehl (max. 20g).

4. Lege den Teig in gleichmäßigen Stücken auf ein Backblech (Tipp: 1/2 Esslöffel Teig ist eine gute Menge)

5. Ca. 15 Minuten goldbraun backen.

Kakaobutter-Cranberry-Plätzchen

Diese großartig verzierten Cranberry Plätzchen sind der Hingucker in jeder Keksdose. Die Mischung zwischen Preiselbeeren und Kakaobutter schmeckt einfach himmlisch!

Zutaten:

Für die Plätzchen:

- 240g Mandelmehl
- 1 TL Backpulver
- 3/4 TL Ingwer
- 1 Prise Salz
- EL Butter
- 90g Stevia
- 1 Ei
- 1/2 TL Vanilleextrakt

- 130g frische Preiselbeeren

Für die Glasur:

- 120g Frischkäse
- 2 EL Stevia-Pulver
- 40g Kakaobutter
- 1/4 TL Vanilleextrakt
- 70g getrocknete Preiselbeeren
- 2 EL Stevia-Pulver

Zubereitung:

1. Mische das Mandelmehl, den Ingwer und das Backpulver in einer großen Schüssel.

2. Schlage die (weiche) Butter, gemeinsam mit dem Stevia, sorgfältig mit einem Mixer schaumig und gib daraufhin das Ei, und das Vanilleextrakt hinzu.

3. Gib nun die, von dir in Punkt 1 vorbereitete - Masse zu dem Butter-Mix hinzu, hebe die Preiselbeeren unter und verrühre alles gut.

4. Forme aus deinem Teig ca. 1 cm dicke Cookies und backe sie, im vorgeheizten Backofen, auf 180 °C für 12-15 Minuten bis sie goldbraun, jedoch noch etwas weich sind. (Vergiss nicht dein Backblech mit Backpapier auszulegen.).

5. Bereite, während die Cookies auskühlen die Glasur vor indem du den Frischkäse mit dem Stevia gründlich vermischst.

6. Lass deine Kakaobutter vorsichtig schmelzen und füge die Hälfte davon, gemeinsam mit dem Vanilleextrakt, zur Frischkäsemischung hinzu

7. Verziere deine Low-Carb Cookies nun mit der Glasur und den getrockneten Preiselbeeren.

8. Vermische anschließend den Rest deiner Kakaobutter mit dem Steviapulver und

sprenkle die Mischung über die Cranberry-Plätzchen.

Zimtsterne

Die Zimtsterne sind neben dem Lebkuchen DAS Weihnachtsplätzchen und dürfen auf keinem Keksteller fehlen

Zutaten:

- 100g Haselnüsse (gemahlen)
- 100g Mandeln (gemahlen)
- 2 Eiweiße
- 125g Xylit
- ½ TL Zitronensaft
- 2 TL Zimt

Zubereitung:

1. Schlage das Eiweiß steif, Zitronensaft und Xylit hinzufügen und weiterschlagen bis sich alles gelöst hat und eine homogene Masse entsteht und stell es danach zur Seite.

2. Mische die restlichen Zutaten miteinander und rühre den übrigen Eischnee mit einem Löffel unter. Achtung: Keinen Mixer verwenden!

3. Stell die Masse in den Kühlschrank und lasse es für ca.20min. ruhen.

4. Gib den Teig zwischen 2 Backpapiere und rolle ihn in die gewünschte Dicke aus.

5. Zum Schluss noch mit einer geeigneten Form ausstechen und genießen (Tipp: Die Form immer wieder in warmes Wasser tauchen)

Vanillekipferl

Ein Klassiker unter den Keksen und jetzt endlich auch in der leckeren Low-Carb Variante verfügbar

Zutaten:

- 190g Mandelmehl (teilentölt)
- 150g Butter
- 90g Mandeln (gemahlen)
- 2 Eigelb
- 90g Xylit
- 30g Xylit (für den Puderzucker)
- 1Msp. Backpulver
- ½ TL Bourbon-Vanille (gemahlen)

Zubereitung:

1. Erhitze das Backrohr auf 180°C und bereite 2 Backbleche vor (Backpapier nicht vergessen!)

2. Nimm alle Zutaten, außer die 30g Xylit für den Puderzucker, und verrühre sie in einer großen Schüssel.

3. Forme aus dem Teig zuerst kleine Kugeln. Rolle die Kügelchen zwischen den Händen aus und bring den Teig in die typische „Kipferlform".

4. Leg die Kipferl dann auf das Backblech und back sie ca. 10min.

5. Die übrigen 30g Xylit zerkleinerst Du anschließend mit Mörser und Stößel.

6. Lass die Vanillekipferl abkühlen und sobald sie nur noch lauwarm sind wende sie vorsichtig im Puderzucker.

7. Lass die Kipferl auskühlen und bewahre sie am besten in einer Blechdose auf. (Tipp: Das volle Aroma entfalten die Kipferl erst nach einer gewissen Zeit, mindestens 2 Tage ruhen lassen)

Spritzgebäck mit Schokoguss

Ein wahrer Genuss für alle Low-Carb-Naschkatzen. Schmeckt wahnsinnig gut zu Kaffee oder Tee.

Zutaten:

- 110g Xylit
- 100g geriebene Karotten
- 100g Butter
- 90g Mandelmehl (teilentölt)
- 10g Flohsamenschalen
- 3 Eier
- 1 TL Backpulver
- ½ Tafel zuckerfreie Schokolade
- 1 Prise Salz

Zubereitung:

1. Schlage die Eier gemeinsam mit dem Xylit und etwas Salz in einer großen Schüssel auf.

2. Reibe deine geschälten Karotten sehr fein und gib sie zu der Ei-Masse.

3. Rühre anschließend auch deine Butter, nachdem du sie auf kleiner Flamme langsam schmelzen lassen hast, zum Teig. (Achte darauf, dass du die Butter, bevor die sie hinzugibst, etwas auskühlen lässt.)

4. Füge nun das Mandelmehl, die Flohsamenschalen und das Backpulver hinzu und vermische alles gleichmäßig.

5. Fülle deinen Teig in einen Spritzbeutel und forme damit, auf einem mit Backpapier ausgelegtem Backblech, kleine Plätzchen.

6. Backe deine Kekse bei 150°C Ober-/Unterhitze für ungefähr 25-30 und lass sie sorgfältig auskühlen.

7. Schmilz deine zuckerfreie Schokolade in einem Wasserbad oder alternativ in einem Topf bei sehr schwacher Hitze und verziehe dein Spritzgebäck anschließend damit

Lebkuchenmännchen

Der allseits beliebte Weihnachtsklassiker ist auch in der Low-Carb Version absolut köstlich.

Zutaten:

Für den Teig:

- 480g Mandelmehl
- 200g Stevia
- 35g Kokosmehl
- 2 EL Ingwer (gemahlen)
- 1 EL Zimt (gemahlen)
- 2 TL Backpulver
- 1/2 TL Salz
- 1/2 TL gemahlene Nelken
- 2 große Eier
- 90g Kokosöl
- 3 EL Melasse
- 1 TL Vanilleextrakt

Für den Zuckerguss:

- 250g Stevia
- 1 ½ EL Meringe-Puder
- 1 Schuss Xanthangummi
- etwas Lebensmittlefarbe (ohne Zuckerzusatz)

Zubereitung:

1. Gib das Mandelmehl, das Stevia, das Kokosmehl, den gemahlenen Ingwer, das Zimt, das Backpulver, das Salz und die Nelken gemeinsam in eine große Schüssel und vermische alles sorgfältig

2. Lass anschließend dein Kokosöl vorsichtig in einer kleinen Pfanne schmelzen und gib es, nachdem es ein wenig ausgekühlt ist, mit den Eiern, der Melasse und dem Vanilleextrakt zu den restlichen Zutaten und verrühre alles bis eine homogene Masse entsteht.

3. Rolle deinen Teig (am besten zwischen zwei Blättern Backpapier) ca. 0,5 cm dick aus und stich deine Lebkuchen, mit Plätzchenformen deiner Wahl, aus

4. Backe deine Lebkuchen im vorgeheizten Backofen bei 140° C für ca. 20 Minuten. (Vergiss nicht, das Backblech mit Backpapier auszulegen.)

5. Lass die Low-Carb Lebkuchen gut auskühlen während du den Zuckerguss vorbereitest.

6. Vermische das Stevia, das Meringe-Puder, etwas Lebensmittelfarbe deiner Wahl und das Xanthangummi in einer Schüssel miteinander und füge solange (lauwarmes) Wasser hinzu, bis sich alles zu einer schönen Konsistenz verbunden hat.

7. Verziere deine ausgekühlten Lebkuchen mit dem Zuckerguss und lass ihn gut antrocknen.

Schoko-Pfefferminz-Cookies

Diese ausgefallenen Plätzchen sind nicht nur lecker, sondern, mit ihrem ausgefallenen Pfefferminzaroma auch eine schöne Abwechslung.

Zutaten:

Für den Teig

- 60g Butter
- 50g Kakaopulver
- 1/2 TL löslicher Kaffee
- 3 Eier
- 50g Stevia
- 12 Tropfen Steviaextrakt
- 1 Prise Salz
- 1/4 TL Vanilleextrakt
- 30g Kokosmehl

Für die Glasur:

- 30g Frischkäse
- 3 EL Kokosöl
- 3 EL Erythrit
- Tropfen Steviaextrakt
- 1 EL Sahne
- 1/4 TL Pfefferminzextrakt

Zubereitung:

1. Lass deine Butter vorsichtig, bei geringer Hitze schmelzen und rühre das Kakao- und Kaffeepulver gleichmäßig ein.

2. Vermische die Eier, das Stevia, das Steviaextrakt, das Salz und die Vanille gut miteinander.

3. Rühre anschließend deine Kakao-Butter-Masse sorgfältig zu den restlichen Zutaten und lass den Tag für 5 Minuten ruhen.

4. Forme aus jeweils einem Teelöffel Teig kleine Plätzchen und backe diese, im vorgeheizten Backrohr auf 180 °C für 10 – 12 Minuten. (Vergiss nicht dein Backblech mit Backpapier auszulegen.).

5. Bereite, während die Cookies auskühlen die Glasur vor indem du den Frischkäse mit dem weichen Kokosöl vermischst.

6. Füge anschließend das Erythrit, das Steviaextrakt, die Sahne und das Pfefferminzextrakt hinzu und vermische alles gut miteinander.

7. Verziere deine Low-Carb Cookies nun mit der Glasur.

Weihnachtliche Ingwer-Kekse

Diese knusprigen Low-Carb Plätzchen passen mit ihrer weihnachtlichen Würzung perfekt in die Festtagszeit

Zutaten:

- 180g Mandelmehl
- 60g Flachssamenmehl
- 90g Stevia
- 1/2 TL Steviaextrakt
- 2 TL Zimt (gemahlen)
- 1 TL Ingwer
- 1/4 TL Nelken
- 1 TL Backpulver
- 1 Ei
- 2 EL Butter (geschmolzen)
- 1 EL Melasse

- 2 TL Vanille

Zubereitung:

1. Mische das Mandelmehl, den Ingwer den Zimt, das Flachssamenmehl, das Stevia, sowie das Steviaextrakt, die Nelken und das Backpulver in einer großen Schüssel.

2. Füge die (geschmolzene) Butter, das Ei und die Melasse zu deiner Mischung hinzu und verrühre alles sorgfältig.

3. Forme aus deinem Teig die Cookies und backe sie, im vorgeheizten Backofen, auf 110 °C für ca. 1 Stunde bis sie goldbraun und knusprig sind. Die Backzeit variiert je nach dicke der Plätzchen. (Vergiss nicht dein Backblech mit Backpapier auszulegen.)

4. Lass die Kekse im geschlossenen Ofen auskühlen.

Biscotti Plätzchen

Mit dem süßen Zuckerguss sind die leckeren Biscotti-Kekse einfach unwiderstehlich.

Zutaten:

- 120g Mandelmehl
- 120g Kokosmehl
- 1 TL Guarkernmehl
- 3 EL Stevia (Für den Teig)
- 3/4 EL Backpulver
- 60ml Kokosöl
- 2 Eier
- 1 EL Vanilleextrakt
- 140ml Mandelmilch (ungesüßt)
- 80g Stevia (Für die Glasur)
- 1/4 TL Steviaextrakt

Zubereitung:

1. Mische das Mandelmehl, das Kokosmehl, das Guarkernmehl, das Stevia und das Backpulver in einer großen Schüssel.

2. Füge das Kokosöl hinzu und arbeite es mit deinen Händen in die restlichen Zutaten ein.

3. Vermische nun die Eier, 120 ml von der Mandelmilch und das Vanilleextrakt miteinander und gib es zu den restlichen Zutaten. Verrühre alles zu einem homogenen Teig.

4. Forme aus deinem Teig zwei Stücke welche jeweils ca.10 cm lang, 6 cm breit und 2,5 cm hoch sind. Schneide von jedem Stück Teig 15 Kekse ab und lass diese für ca. 30 Minuten im Kühlschrank ruhen.

5. Backe deine Plätzchen, im vorgeheizten Backofen, auf 220 °C für 8 Minuten. (Vergiss nicht dein Backblech mit Backpapier auszulegen.).

6. Bereite, während die Cookies auskühlen die Glasur vor, indem du das Stevia mit dem Steviaextrakt mit einem Mixer vermischst. Mixe so lange, bis die Masse eine pudrige Konsistenz hat.

7. Füge nun nach und nach deine restliche Mandelmilch zu der Süßstoffmischung hinzu,

bis deine Glasur die gewünschte Konsistenz hat

8. Verziere deine Low-Carb Biscotti nun mit dem Zuckerguss.

Vanille-Schnittchen

Die leckeren Schnitten sind etwas ganz Besonderes.

Zutaten:

Für den Teig:

- 385g Mandelmehl
- 21g Hafermehl
- 1 TL Backpulver
- 12 EL Butter
- 1 Tasse Xylit-Granulat
- 2 Eier
- 1 TL Vanille-Extrakt

Für die Glasur:

- EL Butter
- 1 Tasse Xylit-Pulver
- 3-5 EL Sahne
- 1/2 TL Vanille-Drops

- Etwas Lebensmittelfarbe (zuckerfrei)

Zubereitung:

1. Mische das Mandelmehl, das Hafermehl, und das Backpulver in einer großen Schüssel.

2. Schlage die Butter sorgfältig gemeinsam mit dem Xylit-Granulat mit einem Mixer schaumig und gib die Eier und das Vanilleextrakt hinzu.

3. Vermische nun die Mischungen aus Schritt 1 und Schritt 2 miteinander zu einem homogenen Teig.

4. Verteile den Teig nun gleichmäßig auf einem mit Backpapier ausgelegtem Backblech und backe ihn, im vorgeheizten Backofen, auf 160°C für 30 Minuten.

5. Bereite, während die Schnitten backen, die Glasur vor indem du das Xylit-Pulver mit Butter sorgfältig mit einem Mixer aufschlägst und dabei nach und nach die Sahne hinzugibst.

6. Hebe nun die Lebensmittelfarbe deiner Wahl und die Vanille-Drops unter das Frosting.

7. Bestreiche deine Schnittchen, sobald sie ausgekühlt sind mit der Glasur.

Cranberry-Orangen Butterkekse

Diese fruchtigen Plätzchen passen perfekt in die Weihnachtszeit.

Zutaten:

- 150g Butter
- 110 g Puderxucker
- 3 TL Vanille
- 2 EL geriebene Orangenschalen
- 50g Preiselbeeren
- 260g Mandelmehl
- ¼ TL Backpulver
- 1 Prise Salz

Zubereitung:

1. Mixe deine Butter mit dem Mixer oder in einer Küchenmaschine bis sie gleichmäßig weich und cremig ist.

2. Gib, unter kontinuierlichem mixen, den Puderxucker, die Vanille, den Orangenabrieb und etwas Salz zu der Butter hinzu.

3. Vermische das Backpulver mit dem Mandelmehl und lasse es, während du erneut gut durchmixt, in den Teig einrieseln. Hebe anschließend deine Cranberrys unter.

4. Forme aus deinem Teig 2 Blöcke von ungefähr 4 cm Durchmesser und lass sie, eingewickelt in Frischhaltefolie, für etwa 1 Stunde im Kühlschrank ruhen.

5. Schneide die beiden Blöcke in etwa 1,5 cm dicke Streifen und backe diese, im vorgeheizten Backrohr auf 180 °C für 10 – 12 Minuten. (Vergiss nicht dein Backblech mit Backpapier auszulegen.).

Kardamom-Walnuss Bällchen

Diese Low-Carb Leckereine überzeugen nicht nur geschmacklich, sondern auch optisch auf ganzer Länge.

Zutaten:

- 260g Mandelmehl
- 120g gehackte Walnüsse
- 2 EL Kokosmehl
- 1 TL Backpulver
- 3/4 TL Kardamom, grob gemahlen
- 115g Butter
- 170g Stevia
- 1 Ei
- 1/4 TL Steviaextrakt
- 1 TL Vanilleextrakt
- 130g Stevia-Pulver

Zubereitung:

1. Mische das Mandelmehl, die Walnüsse, das Kokosmehl, den Kardamom und das Backpulver in einer großen Schüssel.

2. Schlage die (weiche) Butter, gemeinsam mit dem Stevia, sorgfältig mit einem Mixer schaumig und gib daraufhin das Ei, die Vanille und das Steviaextrakt hinzu.

3. Gib nun die, von dir in Punkt 1 vorbereitete - Masse zu dem Butter-Mix hinzu und verrühre alles gut.

4. Forme aus deinem Teig Kugeln von ungefähr 2 cm Durchmesser und backe sie, im vorgeheizten Backofen, auf 180 °C für 20 Minuten. (Vergiss nicht dein Backblech mit Backpapier auszulegen.).

5. Gib das Stevia-Pulver in eine kleine Schüssel und wälze die Bällchen, solange sie noch warm sind darin.

Kokos-Bällchen

Mit diesem kinderleichten Low-Carb Rezept zauberst du leckere Kokospralinen, die nicht nur geschmacklich, sondern auch optisch überzeugen.

Zutaten:

- 240g Kokosraspel (roh)
- EL Kokosöl
- 115g Xylit
- 2 TL Vanille-Drops
- 1 Prise Salz

Zubereitung:

1. Gib alle Zutaten in eine große Schüssel und vermische sie sorgfältig mit einem Mixer bis eine homogene Masse entsteht.

2. Forme aus deinem Teig kleine Bällchen und verziere sie mit Zutaten deiner Wahl.

3. Lass die Bällchen bei Zimmertemperatur ruhen, damit sie sich verfestigen.

Tipp: *Als Verzierung eignet sich zum Beispiel: Nüsse, Kokosraspeln, geschmolzene (zuckerfreie) Schokolade, getrocknete Cranberrys, ...*

Kürbiskekse

Diese saftigen Plätzchen passen super in den Herbst und sind unglaublich lecker.

Zutaten:

- 180g Mandelmehl
- 1 Ei
- 4 EL Honig
- 50g Kürbispüree
- 2 EL Butter (geschmolzen)
- 1 EL Kürbiskuchengewürz
- 1/2 TL Backpulver
- 1 Prise Salz
- 140g Schoko-Drops (zuckerfrei)

Zubereitung:

1. Vermische alle Zutaten sorgfältig in einer großen Schüssel.

2. Forme mit einem Löffel kleine Plätzchen und backe sie, im vorgeheizten Backofen, auf 180 °C für 10-14 Minuten, bis sie fest sind. (Vergiss nicht dein Backblech mit Backpapier auszulegen.).

3. Lass die Low-Carb Kürbiskekse gut auskühlen.

Cheesecake Cookies

Der amerikanische Klassiker in der Low-Carb Plätzchen-Version.

Zutaten:

Für die Cookies:

- 55g Butter
- 30g Frischkäse
- ½ Tasse Erythrit
- 1 Ei (klein)
- 1 TL Vanille-Extrakt
- 240g Mandelmehl

Für die Füllung:

- 113g Frischkäse
- 3 ½ EL Erythrit-Pulver
- ½ TL Vanilleextrakt
- 1 Ei (klein)
- 85g Himbeeren (frisch)

Zubereitung:

1. Püriere die Himbeeren und 1 ½ EL Erytritol-Pulver und gib sie anschließend durch ein feines Sieb um die Samen zu entfernen.

2. Gib dein Püree in einen Topf und lass es für 3 bis 5 Minuten kochen damit es sich auf ein Drittel einreduziert. Lass das Ganze daraufhin ein wenig auskühlen.

3. Vermische nun für die Füllung, das Ei das Erythrit-Pulver und den Frischkäse sorgfältig mit einem Mixer.

4. Für deinen Teig vermische nun die Butter den Frischkäse, das Erythrit, das Vanille Extrakt und das Ei und schlage die Masse mit einem Mixer sorgfältig auf. Gib daraufhin nach und nach das Mandelmehl hinzu.

5. Forme kleine Kugeln aus deinem Teig, in welche du dann, mit einem Teelöffel, kleine Mulden für die Füllung drückst.

6. Fülle daraufhin zuerst die Frischkäsemischung und dann die Himbeersoße in die Mulden und vermische das Ganze ein wenig mit einem Zahnstocher

7. Backe deine Plätzchen, im vorgeheizten Backofen, auf 175 °C für 10-12 Minuten. (Vergiss nicht dein Backblech mit Backpapier auszulegen.).

Schokobussis

Mit diesem einfachen Rezept backst du den Klassiker schnell und einfach in der Low-Carb Version.

Zutaten:

- 100 g Butter (zimmerwarm)
- 200 g gemahlene Mandeln
- 1 Ei
- 100 g Xylit
- 4 EL Backkakao

Zubereitung:

1. Schlage die Butter mit dem Xylit schaumig und füge die Mandeln den Kakao und das Ei hinzu.

2. Forme aus deinem Teig kleine Kugeln und backe sie, im vorgeheizten Backofen, auf 160°C für 10 Minuten.

Glühwein-Baiser

Dieses einfache Low-Carb Rezept zaubert wunderbar luftige Weihnachts-Baisers.

Zutaten:

- 90g Xylit
- 40 Stück Mandelblättchen
- 2 Eiweiß
- 2 TL Glühweingewürz

Zubereitung:

1. Schlage das Eiweiß in einer großen Schüssel sorgfältig steif.

2. Zermahle dein Xylit mit einem Mörser und einem Stößel zu Puder.

3. Gib dein Xylit-Puder und das Glühweingewürz vorsichtig durch ein Sieb zum Eischnee

4. Forme nun mit Hilfe von zwei Teelöffeln keine Baisers und verziere jedes einzelne davon mit 2 Mandelblättchen.

5. Backe deine Low-Carb-Köstlichkeiten im vorgeheizten Backofen bei 110°C Ober-/Unterhitze für 50 Minuten. (Vergiss nicht das Backblech mit Backpapier auszulegen!)

6. Deine Baisers solltest du bei geöffneter Backofentür auskühlen lassen.

Schoko-Haselnuss Plätzchen

Diese nussigen Schokoladekekse sind ein Genuss für jedermann.

Zutaten:

- 70g Mandelmus
- 50g Xylit
- 45g Haselnüsse (gemahlen)
- 40g zuckerfreie Schokodrops
- 1 Ei

Zubereitung:

1. Heize deinen Backofen auf 170C° Umluft vor.

2. Verrühre das Mandelmus, den Xylit und das Ei sorgfältig in einer großen Schüssel.

3. Füge die Haselnüsse und die Schokodrops zum Teig hinzu und lass das Ganze ein wenig ruhen.

4. Lege dein Backblech mit Backpapier aus und forme (am besten mit Hilfe von zwei Esslöffeln) 12 Kekse, zwischen denen du genug Abstand lässt.

5. Backe die Plätzchen für ca. 10 Minuten bei 170C° Umluft

Kokosmaronen

Dieses einfache Rezept zaubert nicht nur gesunde, sondern auch unglaublich leckere Low-Carb Kokosmaronen.

Zutaten:

- 100g Kokosraspeln
- 30g Quark/Topfen (40%)
- 3 EL Xylit
- 2 Eiweiß

Zubereitung:

1. Schlage das Eiweiß steif, während du den Xylit vorsichtig hinzufügst.

2. Gib nun auch den Topfen und die Kokosflocken hinzu und mische alles vorsichtig durch.

3. Lege dein Backblech mit Backpapier aus und forme (am besten mit Hilfe von zwei Esslöffeln) deine Makronen.

4. Backe die Plätzchen bei 175 Grad für ca. 10 Minuten.

Apfel-Zimt Plätzchen

Die Apfel-Zimt Plätzchen passen perfekt in die Weihnachtszeit und sind eine wahre Köstlichkeit.

Zutaten:

- 100g Mandelmehl (teilentölt)
- 60g gehackte Walnüsse
- 100g Butter
- 70g Xylit
- 4 Eigelb
- 1 Apfel
- 2 TL Zimt

Zubereitung:

1. Lass die Butter auf kleiner Flamme in einem Topf langsam schmelzen.

2. Verrühre deine geschmolzene Butter, nachdem sie etwas abgekühlt ist mit dem Eigelb in einer Schüssel.

3. Schäle und entkerne den Apfel und würfle ihn sehr fein.

4. Verrühre das Mandelmehl, den Xylit, das Zimt, die Apfelwürfel und die Walnüsse mit der Butter-Ei-Mischung.

5. Forme aus jeweils einem Teelöffel Teig deine Cookies und backe sie im vorgeheizten Backofen bei 110°C (Umluft) für 12 – 15 Minuten. (Vergiss nicht, dein Backblech mit Backpapier auszulegen)

6. Lass deine Apfel-Zimt Plätzchen daraufhin gut auskühlen.

Cranberry-Kokos Kekse

Diese fruchtigen Plätzchen sind nicht nur in der Weihnachtszeit der Hit.

Zutaten:

- 75g Kokosmehl (teilentölt)
- 11g Butter
- 50-70g Xylit
- 2 Eier
- 2 Eigelbe
- 20-40g Cranberrys

Zubereitung:

1. Lass die Butter auf kleiner Flamme in einem Topf langsam schmelzen und schneide die Cranberrys klein.

2. Verrühre deine geschmolzene Butter, nachdem sie etwas abgekühlt ist mit allen restlichen Zutaten in einer Schüssel und lass den Teig für ein paar Minuten ruhen.

3. Forme aus jeweils einem Teelöffel Teig deine Cookies und backe sie im vorgeheizten Backofen bei 175°C (Ober-/Unterhitze) für 15 – 20 Minuten. (Vergiss nicht, dein Backblech mit Backpapier auszulegen)

Gojibeeren-Nuss-Sterne

Ein (ohne Dörrgerät) relativ aufwendiges Low-Carb Rezept, welches sich jedoch auf jeden Fall lohnt.

Zutaten:

- 2 Medjool Datteln
- 80 g Cashewnüsse
- 20 g Sonnenblumenkerne
- 2 EL Carobpulver
- 1 TL Zimt
- 1 EL Kokosöl
- 3 EL Gojibeeren
- 2 EL Wasser

Zubereitung:

1. Entferne die Kerne deiner Datteln und hacke sie klein.

2. Vermische alle Zutaten außer die Gojibeeren zu einem homogenen Teig.

3. Rolle deinen Teig (am besten zwischen zwei Blatt Backpapier) ca. 3 mm dick aus und stich deine Kekse mit einer Sternform aus.

4. Hacke deine Gojibeeren klein und verteile sie auf den Plätzchen.

5. Gib die Sterne für 8 Stunden bei 42°C in den Dörrautomat oder backe im Backofen bei 50°C (mit leicht geöffneter Tür für 6 Stunden. (Vergiss nicht, dein Backblech mit Backpapier auszulegen)

Schokoladelebkuchen

Der Klassiker in der Low-Carb Version – unheimlich lecker und ein Genuss für alle Naschkatzen.

Zutaten:

- 600g Haselnüsse (gemahlen)
- Eier
- 500g Xylit
- 200g Mandeln (gehackt)
- 1 Pck. Lebkuchengewürz
- 5g Zimt
- 1/2 TL Hirschhornsalz
- 80g Butter
- 300g Zartbitterschokolade (85%)

Zubereitung:

1. Vermische alle Zutaten außer die Butter und die Schokolade in einer grüßen Schüssel.
2. Forme aus deinem Teig Tischtennisball-große Kugeln und drücke sie platt. Backe sie im vorgeheizten Backofen bei 180°C (Ober-/Unterhitze) für 20 Minuten. (Vergiss nicht, dein Backblech mit Backpapier auszulegen)
3. Lass die Butter und die Schokolade vorsichtig über einem Wasserbad schmelzen und verrühre die Mischung gut.
4. Bestreiche deine (ausgekühlten) Plätzchen mit der Schokolade-Mischung.

Mandel-Schoko-Pralinen

Mit diesem einfachen Rezept zauberst du, aus nur wenigen Zutaten, schmackhafte Low-Carb Pralinen

Zutaten:

- 200g Sahne
- 125g Zartbitterschokolade
- 20g Xylit
- Nach Belieben gemahlene Mandeln/ etc.

Zubereitung:

1. Hacke die Schokolade sorgfältig.
2. Erhitze die Sahne und den Xylit vorsichtig über einem Wasserbad und übergieße die Schokolade damit.
3. Vermische das Ganze sorgfältig und lass die Masse daraufhin im Kühlschrank sorgfältig auskühlen.
4. Forme, sobald die Schokoladenmischung fest genug ist, kleine Kugeln und wälze sie in den gemahlenen Mandeln.
5. Kühle deine Pralinen vor dem servieren noch einmal vollständig.

Tipp: *Anstatt den Mandeln eignen sich auch Kokosraspeln, gehackte Walnüsse, gehackte Cashewnüsse, etc.*

Haselnussbällchen

Eine Variation der Kokospralinen – für alle Nussliebhaber.

Zutaten:

- 175g Haselnüsse (gemahlen)
- 1 Ei
- 40g Xylit
- 1 Prise Zimt

Zubereitung:

1. Schlage das Ei gemeinsam mit dem Xylit mit dem Mixer schaumig.

2. Füge Zimt und die Haselnüsse zu dem Ei hinzu und vermenge die Masse zu einem homogenen Teig.

3. Forme aus deinem Teig kleine Bällchen und backe sie, im vorgeheizten Backofen. bei 175°C (Umluft) für 10-15 Minuten. (Vergiss nicht, dein Backblech mit Backpapier auszulegen.

Spekulatius Kekse

Der würzige Klassiker ist auch in der Low-Carb Version unwiderstehlich lecker.

Zutaten:

- 200g Mandelmehl
- 2 ½ TL Zimt
- ½ TL Ingwer (gemahlen)
- ½ TL Nelken (gemahlen)
- ½ TL Salz
- 80g Butter
- 1 Ei
- 50g Erythrit
- 50g Erythrit Bronze
- 16 Tropfen Stevia (flüssig)

Zubereitung:

1. Vermische die Gewürze und das Mandelmehl in einer großen Schüssel.

2. Mixe die Butter, das Erythrit und das Erythrit Bronze bis sich eine cremige Masse gebildet hat und füge dann das Ei und die Mandelmehl-Mischung hinzu. Verrühre alles zu einem homogenen Teig.

3. Rolle deinen Teig (am besten zwischen zwei Blatt Backpapier) gleichmäßig aus, bis er etwa 0,5 cm dick ist.

4. Kühle in nun für mindestens 1 Stunde im Kühlschrank und stick deine Plätzchen dann mit einer Form deiner Wahl aus.

5. Backe deine Low-Carb Kekse, im vorgeheizten Backofen. bei 160°C für 12-15 Minuten. (Vergiss nicht, dein Backblech mit Backpapier auszulegen).

Gewürzbällchen

Diese würzigen Low-Carb_Leckerbissen passen perfekt in die Weihnachtszeit.

Zutaten:

- 150g Mandeln (gemahlen)
- 1 Karotte (gerieben)
- 50g Kokosraspeln
- 3 Eier
- ½ TL Stevia
- 1 EL Chiasamen
- 1 TL Backkakao
- 1/2 TL Zimt
- 1 cm Ingwer gerieben
- 1 Prise Koriander
- Etwas Kokoswasser
- 40g Zartbitterschokolade (85%)

Zubereitung:

1. Gib die Gewürze, die Mandeln, die Chiasamen, die Kokosraspeln und den Stevia in eine große Schüssel und vermische die Masse sorgfältig.

2. Reibe deine Karotte und den Ingwer und gib sie, gemeinsam mit den Eiern zu den, in Schritt 1 vermischten Zutaten.

3. Füge so viel Kokoswasser zu deinem Teig, bis er ausreichend feucht und nicht mehr bröselig ist.

6. Forme kleine Bällchen und backe sie, im vorgeheizten Backofen. bei 180°C (Ober-/Unterhitze) für 20 Minuten. (Vergiss nicht, dein Backblech mit Backpapier auszulegen).

7. Schmilz, während deine Bällchen auskühlen, die Schokolade über einem Wasserbad und verziere die Gewürzkugeln anschließend damit.

Cracker

Diese salzigen Plätzchen passen super zu verschiedenen Dips und sind eine grandiose Abwechslung zu den sonst so süßen Keksen.

Zutaten:

- 200g Mandeln (gemahlen)
- 1 Ei
- 1 EL Schnittlauch
- 2 TL Leinsamen
- 100g Crème fraiche
- 1 Prise Salz
- 1 Prise Pfeffer
- Etwas Paprikapulver
- 1 Peperoni (getrocknet)

Zubereitung:

1. Gib die Mandeln, das Ei, den Schnittlauch, die Leinsamen und die Créme fraiche in eine große Schüssel und vermische alles zu einem homogenen Teig

2. Zerkleinere die Peperoni und füge sie, gemeinsam mit den Gewürzen zum Teig hinzu.

3. Lass deinen Teig nun mindestens 1 Stunde im Kühlschrank rasten.

4. Rolle die Masse nun (am besten zwischen zwei Blatt Backpapier) gleichmäßig aus und stich deine Cracker, mit einer Form deiner Wahl aus.

5. Backe die Low-Carb Cracker im Ofen bei 180° C (Ober-/Unterhitze) für 20-25 Minuten. (Vergiss nicht, dein Backblech mit Backpapier auszulegen).

Zimtstangen

Dieses Gebäck liefert Weihnachtsfeeling pur. Die ungewöhnliche Zutat Mozzarella verleiht den Zimtstangen eine ganz besondere Konsistenz.

Zutaten:

- 80g Mandelmehl
- 3 Msp. Stevia (pur)
- 1 TL Backpulver
- 125g Mozzarella
- 70g Butter
- 1 Ei
- etwas Vanille (flüssig)
- 1 TL Zimt
- 2 EL Erythrit
- TL Puderxucker
- 1 Schuss Wasser
- 1 Pck. Vanilleextrakt

Zubereitung:

1. Hacke den Mozzarella klein und gibt ihn mit 50g deiner Butter in einen Topf und lass das Ganze, unter ständigem Rühren, langsam schmelzen.

2. Vermische das Mandelmehl, den Stevia und das Backpulver gut miteinander

3. Vermenge nun, in einer separaten Schüssel, die restliche Butter, die Vanille, das Ei, das Erythrit und den Zimt.

4. Gib die geschmolzene Mozzarella-Masse zu den in Schritt 2 vermischten Zutaten und verrühre die Masse sorgfältig zu einem homogenen Teig.

5. Rolle die Masse nun (am besten zwischen zwei Blatt Backpapier) gleichmäßig aus und schneide ihn in dünne Streifen. Bestreiche diese mit der Mischung aus Schritt 3.

6. Drehe die Streifen ein und backe sie im Ofen bei 180° C (Ober-/Unterhitze) für 15 Minuten. (Vergiss nicht, dein Backblech mit Backpapier auszulegen).

7. Vermische den Puderxucker und das Vanilleextrakt mit etwas Wasser und bestreiche deine Zimtstangen mit der Glasur.

Schoko-Ingwer Cookies

Die Kombination aus süß, scharf und würzig schmeckt einfach himmlisch. Die Low-Carb Plätzchen die in keiner Keksdose fehlen dürfen.

Zutaten:

- 120g Kokosöl
- 1 Msp. Stevia
- 100g Erythrit
- 2 Eier
- 80g Backkakao
- 1 EL Zimt
- 2 TL Ingwerpulver
- Etwas Vanilleextrakt

Zubereitung:

1. Schmilz dein Kokosöl vorsichtig und schlage es, gemeinsam mit dem Stevia und dem Erythrit, schaumig.

2. Füge die Eier, den Kakao, den Zimt, das Ingwerpulver und die Vanille hinzu und verarbeite das Ganze zu einem homogenen Teig.

3. Rolle aus deinem Teig kleine Kugeln und backe sie im Ofen bei 175° C (Ober-/Unterhitze) für 10-12 Minuten. (Vergiss nicht, dein Backblech mit Backpapier auszulegen)

Bananenplätzchen

Diese Plätzchen sind nicht nur super saftig und gesund, sondern auch noch Low-Carb.

Zutaten:

- 80g Mandeln (gemahlen)
- 40g Mandelmus
- Nach Belieben Stevia
- 1 Banane (etwa 100g)
- 30g Whey Proteinpulver (neutral)
- 1 Ei
- 1 TL Vanilleextrakt
- 50ml Milch

Zubereitung:

1. Schäle die Banane und zerdrücke siesorgfältig mit einer Gabel.

2. Füge das Mandelmus, die Mandeln, den Stevia, das Proteinpulver, das Ei und die Vanille hinzu und vermische alles gut.

3. Gib soviel Milch hinzu, bis der Teig cremig, jedoch nicht zu flüssig ist.

4. Gib die Masse in einen Spritzbeutel und forme kleine Plätzchen. Backe diese im Ofen bei 175° C (Ober-/Unterhitze) für 12 Minuten. (Vergiss nicht, dein Backblech mit Backpapier auszulegen)

Anis Kekse

Diese Low-Carb Plätzchen können locker mit den Keksen von Oma mithalten.

Zutaten:

Für die Kekse:

- 400g Mandelmehl
- 160g Xylit
- 2 TL Zimt (gemahlen)
- 1 TL Anis (gemahlen)
- 1/2 TL Muskatnuss (gemahlen)
- ½ Nelke (gemahlen)
- 1/4 TL Pfeffer (gemahlen)
- 2 TL Backpulver
- 1 EL Zitronenabrieb
- 2 Eier
- 57g Butter

Für die Glasur:

- 187g Kokosbutter
- 1 TL Zimt
- 50g Mandelblättchen
- 20-30 Tropfen Stevia (flüssig) (optional)

Zubereitung:

1. Mische, für den Teig, alle trockenen Zutaten in einer großen Schüssel und reibe Zitronenabrieb hinein.

2. Füge die Eier und die (geschmolzene) Butter zu der Mischung hinzu und verrühre alles zu einem homogenen Teig.

3. Forme aus deinem Teig 26 kleine Kugeln und drücke sie, auf einem mit Backpapier ausgelegtem Backblech zu Keksen.

4. Backe die Plätzchen, im vorgeheizten Backofen, auf 160°C für 12-15 Minuten.

5. Bereite, während die Aniskekse backen, die Glasur vor indem du die Kokosbutter langsam im Wasserbad schmelzen lässt, während du Zimt und Anis einrührst.

6. Bestreiche deine Kekse, sobald sie ausgekühlt sind mit der Glasur und verziere sie mit den Mandelblättchen.

Das sind meine 44 liebsten Plätzchenrezepte – Ich hoffe, sie schmecken dir genauso gut und bereiten dir genauso viel Freude wie mir!

Ich wünsche dir viel Spaß beim Nachbacken und Genießen.

Deine Maria

13011182R00070

Printed in Germany
by Amazon Distribution
GmbH, Leipzig